poems of erosion
poemas de la erosión

mariano zaro

poems of erosion
poemas de la erosión

Carayan Press

Poems of Erosion
Poemas de la erosión

First Printing 2003
Second Printing 2005
Third Printing 2012

ISBN: 978-0-9712066-3-2
LCCN: 2003109004

Carayan Press
P.O. Box 31816
San Francisco, CA 94131-0816
U.S.A.
carayan@carayanpress.com

Cover Design: Pepe Vives

Impreso en los EE.UU.
Printed in the U.S.A.

acknowledgments / agradecimientos

Pepe Vives
Philomene Long
John Thomas
Kate Hahn
Alicia Vogl Sáenz
Kathleen Bedoya
Mariana Dietl
Anna Harmandarian
Edwin Lozada

"Comme je m'approche je m'éloigne."
René Char

"…as we are still
wearing each other when alone."
Frank O'Hara

Foreword

The poems of Mariano Zaro leave me with a delicious longing. It is as if I am wrapped in the silk of his words, where a wisp of color or a smell suddenly floats. Maybe it is olive, lavender or smoke, maybe it is a faint scent of a lover's sweat. This is how Zaro guides the reader gently through his terrain of desire. He says: "I cannot predict/my lust./It is not even mine." And the reader cannot predict these surprising poems, that coax softly, and when least expected, break your heart.

Take care while reading this book. Take your time, read slowly, savor. Let your tongue beat out the rhythms in Spanish and English "Simultaneous opening/my body and your word./I could not separate them." Open up to these beautiful poems,reader, they are rare.

Alicia Vogl Sáenz

Prólogo

Los poemas de Mariano Zaro me dejan un delicioso anhelo. Siento que me arropan con la seda de sus palabras mientras flota inesperado el atisbo de un color o un perfume. Quizá sea la aceituna, el espliego o el humo; quizá el aroma desvanecido del sudor de un amante. De este modo, dulcemente, Zaro lleva al lector por el territorio del deseo. Dice así: "No puedo predecir mi deseo/ni siquiera es mío". Y el lector no puede predecir la sorpresa de estos poemas que seducen y, cuando menos lo esperas, te parten el corazón.

Ten cuidado cuando leas este libro. Tómate tu tiempo, lee despacio, saborea. Deja que tu lengua marque los ritmos en español y en inglés. "Se abrieron simultáneos/ mi cuerpo y tu palabra./ No pude distinguirlos". Ábrete a estos bellos poemas, lector, son únicos.

Alicia Vogl Sáenz

poems of erosion
poemas de la erosión

1.

All I write
vanishes
before
it is written.

1.

Todo lo que escribo
se desvanece
antes
de ser escrito.

2.

To kill desire
with a transparent
verse
almost harmless.

You believe that nothing
will disturb you
not even
your own happiness.

2.

Matar el deseo
con un verso
transparente
casi inofensivo.

Creer que nada
te perturba
ni siquiera
tu propia felicidad.

3.

You erased
my nipples
with your kiss of sand.
Rough salt
against my chest
to defeat time
and its destruction
you said.
Eardrums turned silent
memory
ceased
also future memory.
I was
without time
only sand.

3.

Borraste
mis pezones
con tu beso de arena.
Áspera sal
contra mi pecho
para vencer el tiempo
y su destrucción
dijiste.
Callaron los tímpanos
cesó
la memoria
también la futura memoria.
Fui
sin tiempo
sólo arena.

4.

Not this long silence
your cold eyes
your absent wandering
around the house.
Something more painful
inexcusable
give me a reason
to hate you, love.

You sleep
now that you sleep
I will leave you.
Without crying
without too much guilt
in my wounds
without knowing
who I am.

I was your silence
your cold eyes
your absent wandering
around the house.

You turn your head
the pillow exhibits
a hieroglyphic
of saliva traces.
I try to decipher
my life.

Night opens
terrified.

4.

No este largo silencio
los ojos fríos
tu vagar ausente
por la casa.
Algo más doloroso
inexcusable
dame una razón
para odiarte, amor.

Duermes
ahora que duermes
dejarte.
Irme sin llanto
sin demasiada culpa
en las heridas
sin saber
quién soy.

Tu silencio fui
tus ojos fríos
tu vagar ausente
por la casa.

Giras la cabeza
la almohada exhibe
un jeroglífico
de signos de saliva.
Descifrar mi vida
quisiera.

La noche se abre
aterrada.

5.

I loved them
because they deceived me
they took away
the arch of my eyebrows
the line of my forehead
the blue veins
their intricate weave.

That old man
who sold grapes
in a sunny
dirty street in Rome.
Grapes infected
consumed
by voracious
frenetic wasps.
An old man
of thin gums
I kissed his dark
putrid mouth
overflowed with sweet lies
ripened grapes
that burst in unison.

Street is covered
with immaculate snow
wasps sleep their winter wings
pain ceases.

Lie to me
tell me that
the snow remains untouched

5.

Los amé
porque me engañaron
se llevaron el arco
de mis cejas
la línea de la frente
las venas azules
su tejido intrincado.

Ese viejo
que vendía uvas al sol
en sucias calles de Roma.
Uvas apestadas
consumidas
por voraces
avispas frenéticas.
Un viejo
de encías afiladas
besé
su pútrida boca
rebosante de dulces mentiras
uvas maduras
que estallan al unísono.

La calle se cubre
de nieve sin mácula
las avispas duermen
sus alas de invierno
cesa el dolor.

Miénteme
dime
que la nieve sigue intacta

the weave of veins
still palpitates
help me to forget
who you are
now that you approach
and I tremble.

que pervive
el intrincado tejido de las venas
ayúdame a olvidarme
que no te reconozca
ahora que te acercas
y tiemblo.

6.

Do not name it.

Allow me
the privilege
of doubt.

Your needle
of trained
smiles
your gentle
knot
of stones
in my neck.

Let me
not know.

Fever that
does not fit
in the temples.

Something
breathes
in the silence
something
more primitive
than the form.

6.

No lo nombres.

Déjame
el privilegio
de la duda.

Tu aguja
de adiestradas
sonrisas
tu suave
nudo
de piedras
en mi cuello.

Déjame
no saber.

Fiebre
que no cabe
en las sienes.

Algo
respira
en el silencio
algo
más primitivo
que la forma.

7.

The landscape
of the dying.

Useless potions
a glass of water
that no one will drink
ear and nose
elongated and sallow
the silence of fear
the motionless waiting
feet
under the sheet
like unnecessary bone.

Landscape
that you drag in your eyes
when you come home
your arms
defeated
like an army of soldiers
all too young
devastated
by famine and tundra
opened their intact
virgin mouths.

I wanted to wash your sorrow
and I dried my tongue
licking
your bitter eyelids.

7.

El paisaje
de los que agonizan.

Inútiles pócimas
un vaso de agua
que nadie beberá
la oreja y la nariz
que se afilan cetrinas
el silencio del miedo
la quieta espera
pies
bajo la sábana
como hueso innecesario.

Paisaje
que arrastras en tus ojos
cuando vuelves a casa
los brazos vencidos
como un ejército
de soldados
demasiado jóvenes
devastados
por el hambre y la estepa
abiertas sus intactas
bocas vírgenes.

Quise lavar tu pena
y sequé mi lengua
lamiendo
tus párpados amargos.

I wanted to wash your sorrow
in the old river
that comes
from the womb of life
but water
howls of dense corpses
the stream is slow
and we don't have the strength
to fight
the inevitable.

Lavar tu pena
en el río antiguo
que viene
del vientre de la vida
pero el agua
gime de densos cadáveres
la corriente es lenta
y no tenemos fuerzas
para luchar
contra lo inevitable.

8.

It happens.

I cannot predict
my lust
it is not even mine.

It happens
like sudden
sorrow
without cause.
Unlimited
like a child
feeling his mother
still
inside him.

It happens
unexpected
like this
unfinished poem
without reason.

8.

Acontece.

No puedo predecir
mi deseo
ni siquiera es mío.

Ocurre
como pena
súbita
y sin causa.
Ilimitado
como niño
que siente a su madre
todavía
dentro de él.

Ocurre
inesperado
como este
inacabado poema
sin razón.

9.

Identical
they pass
with little
blue
coffins
under their arms.
They bury
their insomnia
and their orphan hands.
They pass.
Abandoned men
without voice
or touch.
I detest them.
A bluc coffin
under my arm
betrays me.

9.

Idénticos
pasan
con sus pequeños féretros
azules
bajo el brazo.
Entierran
su insomnio
y las manos huérfanas.
Pasan.
Hombres
desamparados
sin voz
ni tacto.
Los detesto.
Un féretro azul
bajo el brazo
me delata.

10.*

Tight
against my knees

I don't have a father

Innocent wounds
without balm

My father left
with an old bitch

Paradise lost
too soon

Now my mother and I
live alone

I wonder
what will happen to you

We live in peace

Quotidian tragedy
exhausted voice.

Invisible victims
that witness my failure.

(*) Based upon a conversation with J. Álvaro Perdices.

10.[*]

Apretados
a mis rodillas

Yo no tengo padre

Inocentes heridas
sin bálsamo

Que mi padre se fue
con una pinche vieja

Paraísos perdidos
demasiado pronto

Ahora vivimos
mi madre y yo solas

Me pregunto
que será de vosotras

Vivimos muy tranquilas

Cotidiana tragedia
exhausta la voz.

Invisibles víctimas
testigos sois de mi fracaso.

(*) Basado en una conversación con J. Álvaro Perdices.

11.

It was Madrid
ember
in the eyes.
My toxic
apartment
the walls
the window
everything on fire
except
that marble step
before your door.
There, I sheltered
my face against the floor
like a blind dog
seeking the cold
the only cold surface
left
in the world.

I heard your voice
distant
alien.
Your voice with others.

I made no noise.
I was
so close.
Only the marble
knew.

11.

Era Madrid
una brasa
en los ojos.
Mi apartamento
tóxico
los muros
la ventana
todo en llamas
excepto
ese escalón de mármol
delante de tu puerta.
Allí me refugié
mi cara contra el suelo
como perro ciego
buscando el frío
el único espacio
frío que quedaba
en el mundo.

Oí tu voz
lejana
y ajena.
Tu voz con otros.

No hice ruido.
Estuve
tan cerca.
Sólo el mármol
lo supo.

12.

Liquid
and onyx
your back.

Remote beach
of summer nights.
Inaccessible
to the world's pain
we believed.

You come out of the water
carefree
laughing
the way they laugh
only those unafraid
of their own beauty.

I learned
of your body
drifting
interrupted
your waist
that one day
danced the South
for us.

Dense weight
of your bone marrow
drowns you.
You came to this coast
for the cure.

12.

Líquido
y ónice
tu espalda.

Recóndita playa
de noches de verano.
Inaccesible
a los males del mundo
creímos.

Sales del agua
despreocupado
riendo
como sólo ríen
los que no temen
a su propia belleza.

Supe
de tu cuerpo
flotando a la deriva
inmóvil
la cintura
que un día
bailó el Sur
para nosotros.

Denso te hunde
el peso
de tu médula enferma.
Viniste a esta costa
para curarte.

Brief
as your name
your life.
Ocean coveted
your laughter.

Breve
como tu nombre
tu vida.
Codicioso el mar
de tu risa.

13.

Foreign
voices
unknown
streets
where I get lost
anonymous tenderness
rescues
or blinds me
mysterious lives
they are someone else's.

Photographs
smiling families
that I will never meet
strangers
that one day
loved me
without reason
bedrooms
that attempt to be warm
the sudden intimacy
of a bathroom
that reveals the misery of the body
different
distant.

Helpless
under their clothes
all of them were
as I was
shivering children.

13.

Voces
extranjeras
desconocidas
calles
que me pierden
anónima ternura
que me rescata
o ciega
vidas misteriosas
porque ajenas.

Fotografías
familias sonrientes
que no conoceré nunca
extraños
que un día
me quisieron
sin motivo
habitaciones
que pretenden ser cálidas
la repentina intimidad
de un cuarto de baño
que revela la miseria del cuerpo
la distancia
lo distinto.

Desamparados
bajo la ropa
todos eran
como yo
niños ateridos.

14.

Humble
geometry
human
architecture
olive trees
of childhood.
I wanted
to take you there
by the hand.
You were too far away
too fragile.

Pure
silver leaves
without flies
silence almost
lacerates
the eyes.

Hidden
behind the lavender
we wait for
the fruit's conception.

14.

Humilde
geometría
humana
arquitectura
olivos
de la infancia.
Quise
llevarte allí de la mano.
Estabas demasiado lejos
demasiado enfermo.

Hojas de plata
puras
sin moscas.
El silencio
que casi lacera
los ojos.

Esperar
escondidos
tras el espliego
la víspera
del fruto.

15.

You gave me
a small book
of Japanese patterns
wrapped in your silk scarf.
The last day
the skin
so young
almost without memory.

Tea cups
train tickets
unwashed shirts
pagan altars
your drawings
finished
unfinished
melted
finished again
secrets
kept in trunks
twice locked
everything floats
in that room
windows
abandoned gardens
damp blankets under the porch
that house
two seventy three
South Lambeth Road.

My suitcase
at the door.

15.

Me regalaste
un pequeño libro
de estampados japoneses
envuelto
en tu pañuelo de seda.
El último día
tan joven la piel
apenas sin memoria.

Tazas de té
camisas sin lavar
altares paganos
billetes de tren
tus dibujos
hechos
deshechos
desleídos
vueltos a hacer
secretos guardados
en baúles
de doble llave
todo flota
en aquella habitación
la ventana
el jardín abandonado
las mantas húmedas del porche
aquella casa
doscientos setenta y tres
Souht Lambeth Road.

Mi maleta
en la puerta.

You tied a scarf
around my neck
like a wine tongue.
Take me
you wanted to say.
In the street
a taxi waits.

We never finished
that moment
time
finished it for us.
Time
contains us
devours us
like enormous fish
with soft
toothless palate.
Time
pulled us out
of that floor
like traffic
tide or abyss.

We are still there.

Drawings
teacups
altars
a Japanese pattern
its perfect simplicity

Anudaste a mi cuello
aquel pañuelo
como lengua de vino.
Llévame
quisiste decir.
En la calle
el taxi espera.

Nunca acabamos
ese momento
el tiempo
lo acabó
por nosotros.
El tiempo nos contiene
engulle
como enorme pez
de suave
paladar sin dientes.
El tiempo
nos arrancó
de ese suelo
como tráfico
marea o abismo.

Nosotros seguimos ahí.

Dibujos
tazas de té
altares
estampados japoneses
su impecable sencillez

everything floats
your hand
suspended
touches the silk
dark wine
soothes my neck
the taxi waits.

Everything
keeps happening
we
keep happening.

I will return to London
I will see myself
opening that small book
that you once gave me.

My hand touches the silk.
The last day
successive
multiplied
simultaneous
infinite
the only day.

todo flota
tu mano
suspendida
roza la seda
vino oscuro
calma mi cuello
el taxi espera.

Todo sigue
aconteciendo
seguimos
aconteciendo.

Volveré a Londres
me veré a mí mismo
abriendo ese pequeño libro
que tú me regalaste.

Mi mano roza la seda.
El último día
sucesivo
multiplicado
simultáneo
infinito
el único día.

16.*

Not this ox liver
ripped out
before the altar.
What trembles
written under water.

(*) Advice and Poetics from my Latin teacher.

16.[*]

No este abierto
hígado de buey
ante el altar.
Lo que tiembla
escrito bajo el agua.

(*) Consejo y Arte Poética de mi profesora de Latín.

17.

Fake canals
bridges
nobody crosses.
This city
will never be mine
I couldn't hate it enough.

17.

Mentidos canales
puentes
que nadie cruza.
Esta ciudad
nunca será mía
no pude odiarla lo suficiente.

18.

Cold
forearms.
This lazy winter
neglected
to leave your table.

18.

Frío
en los antebrazos.
Rezagado
sobre tu mesa
el perezoso invierno.

19.

Isolated.
Lost
in the astonishment
of a body
that seemed
born in us
that very morning.

19.

Aislados.
Perdidos
en el asombro
de un cuerpo
que parecía
haber nacido
en nosotros
esa misma mañana.

20.

Return
although
sterile
your burning
pulse
in this womb of cinder.
Return
leave me your smell
deep
tattoo
of summer flames.

20.

Regresa
aunque
estéril
tu ardiente
pulso
en este vientre de ceniza.
Regresa
déjame tu olor
hondo
tatuaje
de llamas de verano.

21.*

I am frightened of the evening
the day extinguished
I dread becoming blind.
I turn on
all the lights of the house.
You suffered my panic
when you lived here
on the Pacific.
Evenings
are now darker without you.

This sun that abandons me
this very sun
at this moment
illuminates
the roofs of Barcelona
your terrace
between the gothic and the cranes
your tiny feet
your secret scar
and its painful human profile.

You open the window
your hair eases my anguish
you keep the light in your eyes
I sleep in peace.

(*) When Carmen left for the Mediterranean.

21.*

Tengo miedo de la tarde
el día se extingue
y creo quedarme ciego.
Prendo
todas las luces de la casa.
Tú sufrías mi pánico
cuando vivías aquí
en el Pacífico.
Las tardes
son ahora más oscuras sin ti.

Este sol que me abandona
este mismo sol
en este instante
ilumina
los tejados de Barcelona
tu terraza
entre el gótico y las grúas
tus pies diminutos
tu secreta cicatriz
y su doliente perfil humano.

Abres la ventana
tu pelo borra mi angustia
guardas la luz en tus ojos
duermo en paz.

(*) Cuando Carmen se fue al Mediterráneo.

22.

Simultaneous opening
my body and your word.
I could not separate them.

22.

Se abrieron simultáneos
mi cuerpo y tu palabra.
No pude distinguirlos.

23.

She returned
from a trip
my mother.

She kissed my head
rubbing her face
against my hair.
You smell
like your father.
She blushed.

From that far away land
this was her best present.

23.

Volvía
de algún viaje
mi madre.

Me besó la cabeza
retuvo su cara
contra mi pelo.
Hueles
como tu padre.
Se sonrojó.

De aquella tierra lejana
ese fue su mejor regalo.

24.*

Night
was a tunnel.

You decipher
a Latin verb
a verse
a page
you dampen
your desk
across
blinking
asymmetric
hospital windows
white smoke
awakes
hidden
mute furnaces
smokestacks
white smoke
of mutilated limbs.

June nights
tunnels
heat
mosquitoes
their bloodstains in the books
ocher
blood is red
only when alive.

(*) Across from the windows of the University Hospital in Zaragoza.

24.*

Era un túnel
la noche.

Tú descifras
un verbo en latín
un verso
una página
mojas
tu mesa
más allá
las ventanas del hospital
parpadean
asimétricas
humo blanco
desvela
hornos escondidos
hornos que nadie dice
chimeneas
humo blanco
de los miembros amputados.

Noches de junio
túneles
calor
mosquitos
su huella de sangre en los libros
ocre
sólo es roja la sangre
cuando viva.

(*) Frente a las ventanas del Hospital Clínico Universitario de Zaragoza.

Tunnels of fire
desire
like a beast
between the legs
when the city
cannot rid itself
of the heat.

White smoke
of mutilated limbs
stillborn children
smoke
of so much cartilage
without name
smoke
assaulting your illuminated
book
drop after drop
blood
stops
somebody dies
a window closes
they turn off the lights.

You sweat
alive
desire repeated
between your legs.

You only want
the heat to end
as the mutilated want
to stop
the pain of their organs.

Túneles de fuego
el deseo
entre las piernas
como bestia
la ciudad
no puede deshacerse
del calor.

Humo blanco
de los miembros
amputados
de los niños
nacidos muertos
humo de tantos cartílagos
sin nombre
humo que asalta tu libro
iluminado
gota a gota
la sangre
se detiene
alguien muere
se cierra la ventana
apagan la luz.

Y tú sudas
vivo
el deseo
repetido entre las piernas.

Sólo quieres
que acabe el calor
como las víctimas quieren
que cese
el dolor de sus órganos.

Your bones
battle to get out
tense the skin of your
pale hand
over the ocher stains
of the mosquitoes.

Your bones
revolt
emerge
shatter
your hand is smoke
white smoke
of the amputated limbs
the stillborn children
so much cartilage without name
smoke takes you away
blinds you
melts you
you are
flesh of their flesh
bone of their bones.

You don't know them
you watch their anguish
they in turn
unaware
watch yours.
Same cartilage
same agony.

June nights
mineral pain
fire and tunnels.

Pugna por salir
tu hueso
tensa la piel de tu mano
pálida
sobre las manchas
ocres de los mosquitos.

Tu hueso
se rebela
emerge
estalla
tu mano es humo
humo blanco
de los miembros amputados
de los niños nacidos muertos
de tantos cartílagos sin nombre
humo que te lleva
mezcla
funde
eres
carne de su carne
hueso de sus huesos.

No los conoces
velas su angustia
ellos
sin saber
velan la tuya.
El mismo cartílago
la misma agonía.

Noches del mes de junio
dolor mineral
fuego y túneles.

25.

I contemplate
your body that grows
like a nocturnal fern
I contemplate
the wounds
that you don't have
the doors
that no-one has locked
before you
I contemplate
my envy
amazement is lost
desire
is just labor
hard work
artifice.

I touch you
more to touch my memory
than your sleeping breath
insomniac
nocturnal
I contemplate.

25.

Contemplo
tu cuerpo que crece
como helecho
nocturno
contemplo
las heridas
que no tienes
las puertas
que no cerraron
a tu paso
contemplo
mi envidia
pierdo el asombro
sólo afán el deseo
afán
trabajo o artificio.

Te toco
más para tocar mi recuerdo
que tu aliento dormido
insomne
nocturno
te contemplo.

26.

Dark stain
hides
your decay
the plaza
returns
your long
shadow.

Do not blame
these arches
if they cannot bring
your future
conceived
without sin.

Future
agonizes
in your bitter bones.

You are not
who you were
these
betrayed stones
offer you
their rough caress
only pain that saves you
the fidelity
of erosion.

26.

Mancha oscura
oculta
tu declive
la plaza
te devuelve
tu sombra
alargada.

No culpes
a estos arcos
si no pueden traerte
tu futuro
sin pecado
concebido.

El futuro agoniza
en tus huesos
amargos.

No eres
quien aquí estuvo
y estas piedras
traicionadas
te ofrecen
su áspera caricia
único dolor que te salva
la fidelidad
de la erosión.

27.

They are born
from a flame
without apparent pain
vertical
creatures of fire.

They grow
conquer
abandon
they are abandoned
life consumes them
life
and thousands of anonymous
craving tongues.

Death
reaches them
charred
in rigid
solitary beds.

There is nothing left
nothing
perhaps
a vanished ring
stubborn witness
of the glory.

This happens later.
Now
in this nameless beach

27.

Nacen
de una quemadura
sin dolor aparente
verticales
criaturas de fuego.

Crecen
conquistan
abandonan
son abandonados
la vida los consume
la vida
y miles de anónimas
lenguas anhelantes.

Calcinados
la muerte
los alcanza
en rígidas
camas solitarias.

Nada
queda de ellos
nada
quizá
una sortija desvanecida
empecinado testigo de la gloria.

Eso ocurre después.
Ahora
en esta playa sin nombre

there is only room
for the desire
and the arrogance
of being vulnerable.

They move
behind this dark line
that I never crossed without fear.

Sheltered
crippled
I contemplate them
here
on this side
the sand is fine
cold
like recent corpse.

Intact
my foot
cannot find
its own shadow.

sólo hay espacio
para el deseo
y la arrogancia
de mostrarse vulnerable.

Se mueven
tras esta línea oscura
que yo nunca crucé sin miedo.

Los contemplo
protegido
escueto
aquí
en este lado
la arena es fina
fría
como cadáver reciente.

Intacto
busca mi pie
su sombra
sin encontrarla.

28.

Fig tree
rough leaves
fingernails
rip the vein
the vegetal nerve
seeking
the liquid
the sap
that burns
our tender skin
sap
burns
stings
writes
a cross
a sign
a scar
fever of letters.

Fever
that you cure
with primitive mud
mud from saliva
saliva from words
words from the earth
from the earth to your tongue
from your tongue to my wound.

We must have been
six years old then
I already needed
the antidote
of your mouth.

28.

Hojas de higuera
ásperas
la uña
en la vena
abrimos
el nervio vegetal
buscando
el líquido
la savia
quema
nuestra piel de niño
quema
escuece
escribe
cruces
signos
cicatrices
fiebre de letras.

Fiebre
que tú curas
con barro primitivo
barro de saliva
saliva de palabras
palabras de la tierra
de la tierra a tu lengua
de tu lengua a mi herida.

Tendríamos seis años
entonces
ya necesitaba
el antídoto
de tu boca.

29.

At my feet
under the ice
the fishes curve
their sharpened backs
their static
swollen
purple belly.

Over my head
the ice covers the clouds
you watch me.
My sharpened back
my static
swollen
purple belly.

You curse the wind
you clean a speck
from your eye
my purple scale
slips
from your finger
it declares
I have lived.

29.

A mis pies
bajo el hielo
los peces curvan
su espalda afilada
su estático vientre
púrpura
abultado.

Sobre mi cabeza
el hielo cubre las nubes
tú me vigilas.
Mi espalda afilada
mi estático vientre
púrpura
abultado.

Maldices el viento
limpias una brizna
en tu ojo
mi escama púrpura
resbala
en tu dedo
declara
que he vivido.

30.

What I don't dare
to name
that is what I inhabit.

30.

Lo que no me atrevo
a nombrar
eso es lo que habito.

EPILOGUE / EPÍLOGO

Llegar al Pacífico
the Ocean
the West
ser extranjero
perder el equipaje
lost and found
lost
parecía un juego
just a game
don't worry
it's just a game.
Inventar un apellido
your last name, sir?
aquí
sign
here
you will build your destiny
otro destino
libres
los hombros
del pasado
everything new
brand-new.

Contar historias
one more story, please,
comprar una licencia
legítima
para mentir
sin culpa
don't feel guilty now
one more story, please,

historias
fuera de nosotros
actrices, terremotos
earthquakes, actresses
mendigos
ilegales.
Posponer
one more time
posponer
one more time
escapar al cómputo
de la derrota.

Cultivar
solid secrets
dark corners
perder un gesto
un idioma.

Borrar
huella y paso
step, muscle, nerve
nervio y víscera
borrar
hours, pages
borrar
un nombre.

You avoid my name
no dices mi nombre
I am just a noise
all these years

a murmur dying
behind your teeth
sólo un ruido
un rumor
que fallece tras los dientes.

Se acaba la anécdota
viene la vida
is this what you want?
este sello estricto
this room with no windows.

Prometo no molestar
I won't bother you
I won't touch you
I won't be too dark or too close
no ser demasiado oscuro
demasiado próximo
you tell me.

Lavar
limpiar entre los dedos
behind the skin
detrás de la piel
more than clean
no causar espacio
o latido.

Don't ask
just
cut here
no preguntes

corta aquí
hunde
escarba
maybe now
you will say my name
cut here
no duele casi
no recuerdo
no hablo
no digo.

This vanishing man
queda
este hombre
desaparecido.

CONTENTS / ÍNDICE

ABOUT THE AUTHOR

Mariano Zaro was born in Borja (Spain) in 1963 and since 1994 he has lived in Santa Monica, California. He has published in Spain's literary magazines such as *El signo del gorrión* and *Luces y Sombras*. His poetry has been included in the anthologies *Al aire nuevo* (San Luis Potosí, México) and *New Baroque* (Los Angeles, USA). Among his translations is *The California Mission Poems/Poemas de las Misiones de California* by American poet Philomene Long. In 1996 he published his first poetry book, *Where From/Desde Donde*, with Bay Books. In 1998 he wrote the first lines of what has become his second book: *Poems of Erosion/Poemas de la erosión*. His third book of poetry is *The House of Mae Rim / La Casa de Mae Rim* (2008, Carayan Press).

SOBRE EL AUTOR

Mariano Zaro nació en Borja (España) en 1963 y desde 1994 vive en Santa Monica, California. Ha publicado, entre otras, en las revistas españolas *El signo del gorrión* y *Luces y sombras*. Su obra poética ha sido incluida en las antologías *Al aire nuevo* (San Luis Potosí, México) y New Baroque (Los Angeles, EE.UU.). Entre sus traducciones destaca *The California Mission Poems/Poemas de las Misiones de California* de la poeta americana Philomene Long. En 1996 apareció su primer libro de poemas, *Where From/Desde Donde*, editado por Bay Books. En 1998 escribió los primeros versos de lo que se ha convertido en su segundo libro: *Poems of Erosion/Poemas de la erosión*. Su tercer llibro de poesía es *The House of Mae Rim / La Casa de Mae Rim* (2008, Carayan Press).

CARAYAN PRESS

PO Box 31816
San Francisco, California
94131-0816

carayan@carayanpress.com
www.carayanpress.com

To purchase copies of

Where From/Desde Donde

Poems of Erosion/Poemas de la erosión

The House of Mae Rim / La casa de Mae Rim

visit:
http://www.marianozaro.com